W0189746

Henne

Die Geschichte einer Kult-Kneipe

100 Jahre

Klaus Sommerfeld • Wolfgang Chodan

Herausgeberin:
Angela Leistner

Inhalt

100 Jahre Gastlichkeit

Angela Leistner

Liebe Gäste, liebe Freunde,

die „Henne" wurde vor 100 Jahren am 24. Juni 1908 als „Wirtshaus zur Hirschecke" eröffnet. Jetzt feiert sie ihr hundertjähriges Jubiläum in einem Haus, das noch älter ist als sie selbst, denn das Haus am Leuschnerdamm 25 wurde bereits 1888 als gutbürgerliches Wohnhaus errichtet.

Die „Henne" ist während ihrer bewegten Geschichte immer im Stile eines klassischen „Alt-Berliner Wirtshauses" geführt worden, mit einer deftigen und typischen Berliner Küche. Hier pflegten die Wirte Werte wie Herzlichkeit, Gastlichkeit und die berühmte Berliner Schnauze mit Eifer und Sorgfalt.

Jedes einzelne Stück des originalgetreuen Mobiliars zeugt noch heute von den historischen Wurzeln unseres Wirtshauses, das sich weit über die Grenzen Berlins einen großen Ruf traditioneller Berliner Gastlichkeit erworben hat. In der „Henne" muss man einfach gewesen sein – das gehört zu Berlin, das muss man als Berliner oder als Besucher erlebt haben.

Die „Henne" ist heute ein original Berliner Anziehungspunkt – ohne Chichi und Wuwu – aber trotzdem mit einer exzellenten Küche ausgestattet, die ihre Liebhaber in ganz Berlin findet. Nur in der „Henne" gibt es die legendären – nach Geheimrezept – gebratenen, krossen Milchmasthähnchen, die mit dem unverwechselbaren Kartoffel- und Krautsalat gereicht werden.

Und das seit über 100 Jahren: Vom wilhelminischen Kaiserreich über den ersten Weltkrieg, den folgenden Zusammenbruch, die Nachkriegsnot und die galoppierende Inflation, als man z.B. am 19. November 1923 für ein Kilogramm Roggenbrot 233 Milliarden Mark zahlen musste.

Waldemarbrücke am Luisenstädtischen Kanal, rechts: Im Erdgeschoss des Wohnhauses befindet sich die Henne, um 1900

Dann kam die Zeit der Weimarer Republik, die Weltwirtschaftskrise und die Massenarbeitslosigkeit, die vom Dritten Reich abgelöst wurde und in den Zweiten Weltkrieg mündete.

Das Ende des Krieges – die Trümmer in einer zerstörten Stadt und der Neubeginn in einer geteilten Stadt mit der „Henne" mitten an der Mauer; später partizipierte die „Henne" am Wirtschaftswunder, wurde Zeugin des Mauerfalls (fünf Meter entfernt) und empfängt heute ihre Gäste wie ehedem.

Gemeinsam mit Luana Löschke habe ich 1991 das gastronomische Abenteuer begonnen. Wir wussten nicht, in welche Richtung sich die „Henne" entwickeln würde, und ob wir diese Herausforderung meistern könnten. Aber wir haben es geschafft.

Mit diesem Bildband komme ich nun den Wünschen meiner Gäste nach und mache mir und den Wirten, die vor mir die „Henne" leiten durften, ein wunderschönes Zeitzeugnis als Geburtstagsgeschenk.

In Gedanken proste ich Ihnen zu: Auf weitere 100 Jahre Gastlichkeit, glückliche Gäste und die berühmten Milchmasthähnchen!

Möge es noch ewig so weitergehen.

Ihre Angela Leistner

Wirtshaus zur Hirschecke

Paul Litfin (1868 – 1943), Gastwirt von 1908 - 1926

Seit 1908 befindet sich das Lokal in Kreuzberg im Besitz der Familie Litfin. Der Name Litfin ist 72 Jahre lang, bis 1980, ein Markenzeichen für die typische „Berliner-Kneipentradition" der damaligen Zeit.

Paul Litfin, der Gründer, eröffnet das „Wirtshaus zur Hirschecke" eher unfreiwillig. Als aktiver Gewerkschafter und Sozialdemokrat verliert er durch sein politisches Engagement seine Arbeit in der Metallindustrie und wird Gastwirt. Er eröffnet das Lokal am 24. Juni 1908 als „Wirtshaus zur Hirschecke" und ahnt nicht, dass sein Wirtshaus zu einer über die Grenzen Berlins hinaus bekannten Institution werden wird. In ihren Anfangsjahren ist die „Hirschecke" eine klassische Arbeiterkneipe, die auch als Ort für politische Auseinandersetzungen genutzt wird. Bis hinein in die Nazizeit ist das Hinterzimmer ein illegaler Versammlungsort für Sozialdemokraten und Gewerkschafter. Paul Litfin kann die Aussicht auf Verhaftung nicht schrecken – er ist ein Gastwirt von altem Schrot und Korn. Seine Bude brummt, ist stets rammelvoll und lebendig; jeder einzelne Gast wird mit Handschlag begrüßt. Wer hier einkehrt, der gehört dazu.

Neben der Bewirtung seiner Gäste in der „Hirschecke" stellt er aber noch mehr auf die Beine.

So gründet Litfin, der mit einer guten Stimme ausgestattet ist, am 5. März 1912 den „Sängerchor der Gast- und Schankwirte Berlins". Bald schließt sich der Chor dem Berliner Sängerbund an.

Obendrein übernimmt Paul auch das Amt des Präsidenten des „Deutschen Gastwirtverbandes". In dieser Funktion ist er im Deutschen Reichstag bei der Formulierung des „Gaststättengesetzes" beratend beteiligt.

Im Jahr 1926 übergibt Paul Litfin im Alter von 58 Jahren das Zepter an seinen Sohn Konrad. In dem inzwischen überaus bekannten und beliebten Lokal mit Berliner Kneipentradition wird ein neues Kapitel aufgeschlagen.

Bierkutscher vor der „Hirschecke", um 1925

Mythos Henne

Die ungezwungene Mischung
Zwanziger Jahre. Berlin ist das Zentrum des wilhelminischen Reiches, das mit dem Kriegsende zusammenbricht. Revolution. Umbruch. Rasanter Aufschwung. Ende der zwanziger Jahre wohnen in Berlin 3,8 Millionen Menschen, nur London und New York sind größer. Dynamik. Widersprüche. Glanz und Elend. Inflation. Schwarzer Freitag.

In jenen Jahren erlebt die Metropole Berlin die glanzvolle Blütezeit der deutschen Kunst, Kultur und Wissenschaft. Genuss ist alles. Ein Tanz auf dem Vulkan. Die Unterhaltungsindustrie hat Hochkonjunktur.

Die Anfänge des deutschen Films sind eng mit Berlin verbunden. Hier und bei der UFA in Potsdam-Babelsberg lagen die Hauptproduktionsstätten mit ihren modernen Ateliers. Die UFA war lange Zeit die einzige europäische Traumfabrik, die der Konkurrenz der Amerikaner Paroli bieten konnte.

Die Stadt wirkte wie ein Magnet auf Regisseure und ihre Stars, hier und bei der UFA entstanden viele der wichtigsten Stummfilme.

Ohne den Stummfilm hätte Konrad Litfin die „Hirschecke" vielleicht gar nicht übernommen. Er arbeitete als erfolgreicher Stummfilm-Pianist.

Fünfzig Millionen Mark, Reichsbanknote, 1923

Das Klavier von Konrad Litfin

Von den Gagen kaufte er seinem Vater das „Wirtshaus zur Hirschecke" ab und änderte den Namen in „Alt-Berliner Wirtshaus".

Eigentlich war das Lokal bis dahin eine Arbeiterkneipe. Nach der Übernahme des Lokals durch Konrad Litfin wurde es auch zu einem Treffpunk für Prominente, das Arbeitermilieu mischte sich nun mit den Künstlern.

Konrad Litfin legte den Grundstein für den Mythos „Henne". Die besondere, ungezwungene Mischung quer durch die Bevölkerung hat sich über Generationen hinweg gehalten und ist typisch für die „Henne". Viele Prominente lassen auch heute - genau wie damals - ganz ungestört ihren Abend in dem Lokal ausklingen.

Hier werden sie von keinem Autogrammjäger oder Paparazzo bedrängt. Sie sind ein willkommener Teil der Familie. Und das ist auch gut so.

Die „Henne" ist ein Stück Stadtgeschichte, hier muss man gewesen sein!

Im Erdgeschoss des Wohnhauses befindet sich die „Henne", um 1900

Alt-Berliner Wirtshaus

**Konrad Litfin (1899 - 1968),
Gastwirt von 1926 - 1968**

Die Musik liegt der Familie im Blut, Konrad bekommt schon als Kind Klavierunterricht. Ohne seine musikalische Begabung hätte der gelernte Koch die „Hirschecke" vielleicht nie übernommen. Er liebt die Musik mehr als die Küche. Konrad schlägt sich als Barpianist durch und macht als Stummfilm-Pianist Karriere. Das lohnt sich. Von den Gagen kauft er seinem Vater 1926 das „Wirtshaus zur Hirschecke" für 14.500 Goldmark ab und ändert den Namen in „Alt-Berliner Wirtshaus". Durch ihn kommen neben den Arbeitern auch Schauspieler und Künstler in das „Alt-Berliner Wirtshaus". Das Milieu mischt sich mit der Kunst und das Lokal wird zum neuen In-Treffpunkt. Hans Albers (deutscher Schauspieler und Sänger, 1891 - 1960) verkehrt hier und auch Harry Piel (deutscher Filmregisseur und Schauspieler, 1892 – 1963) lässt sich häufig blicken. Mit beiden steht Konrad gemeinsam vor der Kamera. Litfin, von allen nur liebevoll „Konni" genannt, weiß genau, was seine prominenten Gäste wünschen – schließlich ist er selbst ein Künstler.

Aus der Anziehungskraft dieser ungezwungenen Mischung aus einfachen Kiezbewohnern, Arbeitern, Kreativen und Berühmtheiten entwickelt sich der Mythos des „Alt-Berliner Wirtshauses" – und er hält sich bis heute.

Wahrlich: Einen besseren Nachfolger als „Konni" hätte sich sein Vater nicht wünschen können. Das „Alt-Berliner Wirtshaus" bleibt eine begehrte und gut besuchte Kneipe. Hier trifft man sich, hier kommt man ins Gespräch, hier inspiriert die Atmosphäre: Zigarettenrauch zieht durch den Raum, vorne rechts wird ein Skat gedroschen, am Bullerofen sind die braunen Ledersessel belegt, hinten links ist das Schachbrett aufgebaut, auf den Tischen stehen gepflegte Biere, am Stammtisch wird diskutiert. Der Laden ist proppenvoll und die Stimmung gut. „Konni" sitzt am Klavier und unterhält seine Gäste mit Schlagern, Liszt und Offenbach.

So lässt es sich leben – ganz besonders wenn Konrad Litfin zur legendären „Langen Nacht beim Konni" lädt - Preisskat und Musik inklusive.

Daneben ist Konrad Litfin, wie sein Vater Paul, auch über die Theke hinaus als Bezirks-Innungsmeister bei der „Gastwirte-Innung Berlin e.V." aktiv. Genau zweiundvierzig Jahre führt er das „Alt-Berliner Wirtshaus", bis zu seinem Tod im Jahr 1968, gemeinsam mit seiner Frau Rosa, genannt „Rosel", durch bewegte Jahre mit teils dramatischen Veränderungen. Beide, „Konni" und „Rosel", können ohne ihr Lokal nicht leben und verbringen nur wenig Zeit in ihrer Wohnung am Leuschnerdamm.

„Konni" ist es wichtig, dass nach seinem Tod die Originalität des Lokals erhalten bleibt. Und so ist es auch geschehen.

„Rosel" hat sein Vermächtnis erfüllt und auch die folgenden Gastwirte übernehmen das „Alt-Berliner Wirtshaus" mit dem Versprechen, nichts zu verändern. Die Gäste danken es ihnen bis heute.

Alt-Berliner Wirtshaus, in der Bildmitte Konrad Litfin, um 1965

Die Nachkriegszeit

Der Leuschnerdamm war bei der Schlacht um Berlin im April 1945 drei Wochen in der vordersten Front. Die Gaststätte wurde als Truppenunterkunft für die russische Armee benutzt. Im total verwüsteten Vorgarten standen Panzer und eine Artillerie-Formation mit sechs Geschützen direkt vor der Eingangstür. Sie zogen ab, als am 8. Mai 1945 Deutschland die bedingungslose Kapitulation erklärte.

Das seit 1908 kontinuierlich betriebene Traditions-Wirtshaus am Leuschnerdamm 25 hat die Teilung und Wiedervereinigung Berlins hautnah miterlebt. Damals hieß die in Kreuzberg liegende „Henne" noch Gaststätte „ Alt-Berliner Wirtshaus " und lag im amerikanischen Sektor, direkt an der sowjetischen Sektorengrenze.

Für Konrad Litfin, den Besitzer, war sein Wirtshaus ein Vorposten des Gaststättengewerbes im Westberliner Grenzgebiet. Er war ein vorbehaltloser Verfechter der Wiedervereinigung, die er leider nicht mehr miterlebte.

Erinnern wir uns
Der Zweite Weltkrieg war für die Berliner am 2. Mai 1945 zu Ende. Die Stadt wurde unter den Alliierten in vier Sektoren aufgeteilt und verlor ihre Hauptstadtfunktion. West-Berlin war in drei Sektoren (Westsektoren) unterteilt, die von Frankreich, Großbritannien und den USA verwaltet wurden. Ost-Berlin war der Sowjetunion (Ostsektor) unterstellt.

Die Sektorengrenze

Die Aufteilung Berlins entsprach den Bezirksgrenzen der Berliner Stadtteile, die in der Regel quer durch Berlin im öffentlichen Straßenraum verliefen. Die sowjetische Sektorengrenze zerschnitt Innenstadt, Vorstädte, Straßen, Plätze, Bürgersteige, Hauptverkehrsadern, Wälder, Wasserflächen, Schrebergärten, Grundstücke, Kirchen und Friedhöfe.

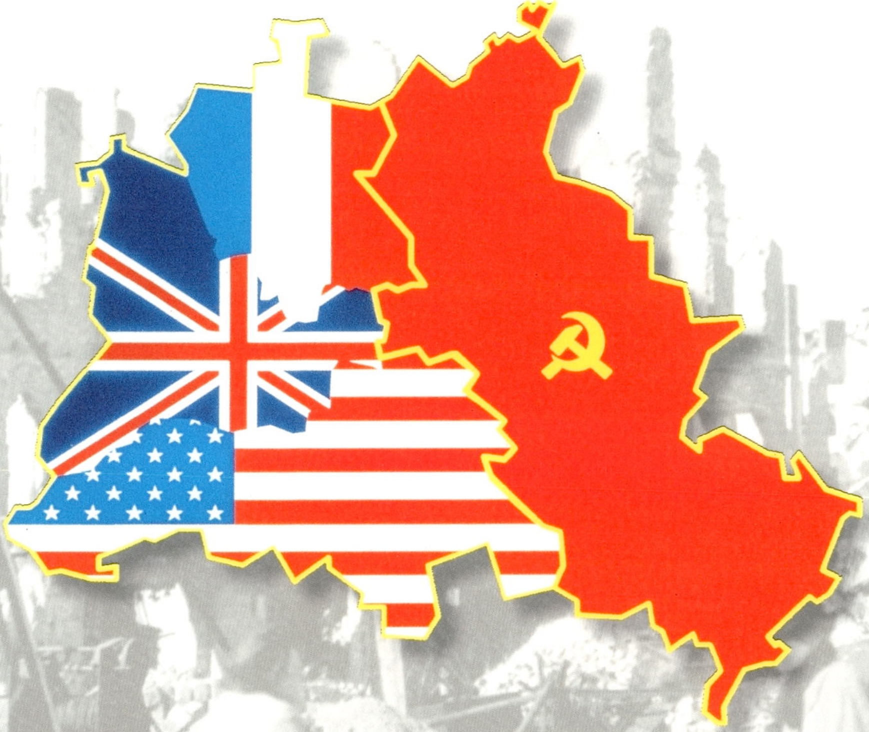

Kreuzberg, SO 36, Leuschnerdamm
Durch die Grenzziehung entlang des Leuschnerdamms ergab sich folgende Trennlinie: Die Häuser und der Vorgarten gehörten zum amerikanischen Sektor, der Bürgersteig und die Straße zum Ostsektor. Das bedeutete, die Bewohner der Kreuzberger Mietshäuser am Leuschnerdamm befanden sich, wenn sie aus der Haustür traten, auf dem Gebiet des sowjetischen Sektors.

Einladung

Sonnabend, den 28. Oktober 1950, wieder

„Lange Nacht beim Konni"

Gegen 22 Uhr: **Austrudeln von 2 Mastgänsen**

2. Preis: **Je 1 Huhn**

Eisbein mit Sauerkraut, Erbspüree u. Kartoffeln, Preis nach Größe, ab 2,—DM
1 Paar Schinken-Knacker mit Mayonnaise-Salat . . . . 1.—DM
1 frischer Brathering mit Butterbrot . . . . 0.50 DM
1 Tasse Kaffee mit Kuchen . . . . 0,75 DM
. . . . 0,40

Schultheiß hell . . ¹/₄ Liter 0,30   Kognak . . . .
„ 16 % Pilsener „ 0,40   Liköre ab 0,50 u. Markenspirituosen
40 % Korn 0,25   Ital. Wermutwein . . . Glas 0,40

Jeden Mittwoch und Sonnabend: **Skat- und Schachabend**

Druck: W. Drenhaus, SO 36, Waldemarstr. 36, Tel. 61 53 79

Obwohl bis zum Mauerbau am 13. August 1961 der Wechsel zwischen den Sektoren noch weitgehend ungehindert möglich war, hüteten sich viele Bürger zunehmend davor die östliche Straßenseite zu betreten. Das „ Alt-Berliner Wirtshaus" direkt an der Sektorengrenze hatte es schwer. Zwischenfälle an den Grenzen und die unsichere Lage ließen den Verkehr und damit auch den Gaststättenbesuch auf ein Minimum zurückgehen.

Die ganze Lage war sehr angespannt. Man begegnete patrouillierenden Volkspolizisten (Vopos) oder russischen Soldaten mit schussbereiten Maschinenpistolen, die willkürliche Ausweiskontrollen durchführten.

Immer unhaltbarer wurde z.B. die Situation für die Firmen aus dem Engelbecken-Gewerbehof (Leuschnerdamm 13). Der Lieferverkehr konnte nur über die auf der östlichen Seite liegende Straße durchgeführt werden. Die Vopos schikanierten die Gewerbetreibenden, immer wieder wurden Warenladungen beschlagnahmt.

Bei Notfällen war die Rechtslage unsicher. Weder Westberliner Feuerwehr noch Polizei durften ohne Erlaubnis die östliche Straße befahren. Hilfe aus der DDR war aber auch nicht zu erwarten, sie erklärte sich für die Westberliner Häuser nicht zuständig.

Konrad Litfin bedient Gäste an der Sektorengrenze, um 1956. Er steht auf dem „Notweg"
im amerikanischen Sektor, die Gäste im sowjetischen Sektor.

YOU ARE LEAVING
AMERICAN SECTOR
SIE VERLASSEN DEN
AMERIKANISCHEN
SEKTOR

Zollwachhaus, Leuschnerdamm Ecke Waldemarstraße, 9. Mai 1955

Der Notweg

Im Jahre 1956 reagierte die Verwaltung in Westberlin auf die unhaltbaren Zustände. Für die Firmen aus dem Engelbecken-Gewerbehof wurde ein Durchbruch zur westlichen, hinteren Waldemarstraße geschaffen und für die Bewohner der restlichen Häuser legte man ebenfalls Hinterausgänge auf westlichem Gebiet als Schutz vor den Vopos an.

Dann wurde durch die Vorgärten der Wohnhäuser ein neuer Bürgersteig, der so genannte „Notweg", gezogen, so dass niemand mehr gezwungen war, Ostberliner Gebiet zu betreten.

Das ging nur durch Enteignung. Die Gaststätte „Alt-Berliner Wirtshaus" musste einen Teil des bewirtschafteten Vorgartens abtreten. Konrad Litfin bestand bei der Enteignung vertraglich auf eine spätere Wiederherstellung seines geliebten Biergartens, damit dieser im Falle einer Wiedervereinigung Deutschlands endlich allen Berlinern frei zugänglich werden konnte.

Auch als der Mauerbau die Lage noch zuspitzte, beharrte er auf seinem Traum und er sollte Recht behalten.

Das Auto parkt im sowjetischen Sektor, rechts neben der Tafel verläuft der „Notweg", um 1956

Der Mauerbau

Mauer am Leuschnerdamm

Berlin wird geteilt

Es ist Sonntag. Die Sonne strahlt und Konrad Litfin öffnet sein „Alt-Berliner Wirtshaus". Die ersten Stammgäste werden mit Handschlag von „Konni" begrüßt, das Lokal füllt sich. Bei einem Bier wirft man einen Blick in die Tageszeitung oder führt ein anregendes Gespräch. Es herrscht eine gute Stimmung, wie jeden Tag im Lokal.

Plötzlich wird die Idylle gestört. Lastwagen fahren vor und laden schweres Baugerät aus. Es folgen Steine und Baumaterial. Ein Aufgebot von DDR-Grenztruppen sichert die Waldemarstraße und den angrenzenden Straßenbereich. Arbeiter ziehen direkt vor dem Wirtshaus, neben dem schmalen Bürgersteig und quer über den Fahrdamm, eine Mauer hoch – die Mauer, die Berlin 28 Jahre in Ost und West trennen wird.

Konrad stürmt hinter seinem Tresen hervor und läuft wütend auf die Arbeiter zu. „Habt Ihr keine Mütter, Ihr Schweine?" brüllt er aufgebracht. Doch diese lassen sich nicht von ihrer Arbeit abhalten, sie mauern schnell und zielstrebig mit bewaffneten DDR-Grenztruppen im Rücken weiter.

27

Im Lokal wird der Fernsehapparat angeschaltet und Gäste verfolgen schockiert und sprachlos die aktuellen Nachrichten.

Eine absurde Situation: Im Fernseher wird gezeigt und kommentiert, wie in Berlin die Mauer errichtet wird, und gleichzeitig hören die Gäste den Baulärm draußen vor der Tür. Fünf Meter entfernt, unmittelbar vor dem Wirtshausfenster, endet von diesem Moment an die Sektorengrenze von West-Berlin.

„Konni" Litfin gab Zeit seines Lebens die Hoffnung nicht auf, dass seine Stammgäste aus Ost-Berlin einmal wieder kommen könnten.

Die Mauer, die Berlin gewaltsam teilte und Familien auseinanderriss, ist inzwischen verschwunden. Aber die Erinnerung an die vielen Tragödien, die Schicksale der getrennten Familien und die Opfer, die auf der Flucht in den Westen ums Leben kamen, ist noch lebendig und wird bleiben.

Spielende Kinder an der Mauer, im Hintergrund das „Alt-Berliner Wirtshaus", 15. Mai 1963

31

Mauer am Leuschnerdamm, im Hintergrund: St. Michael-Kirche in Ost-Berlin, um 1963

Notweg
zu den Grundstücken
Leuschnerdamm 1–13
über
Grundstück Adalbertstr. 69

YOU ARE LEAVING
THE
AMERICAN SECTOR
SIE VERLASSEN DEN
AMERIKANISCHEN
SEKTOR

Warnung

Zugang
zu den Grundstücken
Leuschnerdamm Nr 25–15

33

34

Die Reste der abgerissenen Häuser bilden zusammen mit der Sperrmauer die Grenze zum
Bezirk Mitte in Ost-Berlin, April 1974

Konni und Kennedy

1963. Konrad Litfin, legt die Zeitung aus der Hand, geht zum Fenster und sagt zu seiner Frau Rosel:

„Liebes, komm mal bitte!"

Rosel beißt von ihrer Schrippe ab und geht zu ihm.

„Was ist denn los, Konni?"

„Die Amis haben im Februar Filmaufnahmen von der Mauer und unserem Lokal gemacht. Da unten neben der Aussichtsplattform stand der rote Chevrolet von dem Regisseur."

„Ja, die haben hier auch was getrunken. Nette Kerle."

„Also kennt man uns in Amerika!"

„Wenn du meinst!"

Konrad lächelt. Minuten vergehen.

„Rosel, wie weit ist es von unserem Lokal bis zur Mauer?"

„Na vielleicht fünf Meter."

„Das schafft er in einer Minute bis zu uns!"

„Wer?"

„John F. Kennedy!"

„Konni, bist du völlig übergeschnappt?"

Er geht zum Tisch, wirft ihr die
Zeitung rüber.

„Da steht's. John F. Kennedy
kommt nach West-Berlin.
Der kriegt von mir
eine Weiße mit Schuss!"

„Wie willst du das denn machen?"

„Ich schreibe einen Brief an das
Weiße Haus und lade ihn ein.
Dann schaut er hier über die
Mauer und danach stoßen wir
auf die deutsch-amerikanische
Freundschaft an."

„Du kannst doch gar
kein Englisch!"

„Na und? Der Werner vom
Stammtisch war in amerikanischer
Gefangenschaft und wird mir helfen!"

„Du spinnst doch!"

„Wart's ab!"

John F. Kennedy (1917 - 1963), 35. Präsident der USA

Konrad Litfin legte Werner noch am selben Tag seinen Entwurf vor,
den dieser stilsicher übersetzte.

„Sehr geehrter Herr Präsident,
ich bin der Wirt des Alt-Berliner Wirtshauses, direkt an der Mauer. Hier
hat man die Möglichkeit, ein Berliner Wirtshaus zu sehen und direkt
mit der einheimischen Bevölkerung zu sprechen, die regelmäßig in das
Wirtshaus kommt. (...) Ich erlaube mir, Sie einzuladen und eine Berliner
Spezialität - die Berliner Weiße - mit mir und meinen Gästen zu probieren."

„Dear Mr. President

I am the owner of the Old Berlin Pub directly at the wall in which one has the opportunity to see a Berlin pub and speak directly with some of the local population who come here regularly. (...) I would like to allow myself to extend an invitation to you to come here and partake of a Berlin specialty - the „Berliner Weisse" - with me and my guests."

Bei seinem Besuch am 26. Juni 1963 fuhr John F. Kennedy rund 52 km in einem offenen Wagen durch Berlin und wurde von 1,4 Millionen Berlinern enthusiastisch gefeiert. Der Höhepunkt des Besuches war eine Ansprache vor dem Rathaus Schöneberg. Unvergessen ist der letzte Satz aus seiner Rede, den er in Deutsch gesprochen hat: „Ich bin ein Berliner!"

Wenige Wochen vor dem Besuch erhielt Litfin einen Brief aus Washington mit einer Autogrammkarte des Präsidenten. W. Grant Parr, ein Mitarbeiter im Außenministerium, antwortete im Namen des Präsidenten und bedankte sich für die Einladung.

Kennedy hielt sich im Rahmen seines Deutschlandbesuches nur acht Stunden in Berlin auf und konnte die Einladung wegen des engen Zeitplans nicht annehmen.

Litfin ließ den Brief und das Foto von Kennedy rahmen, noch heute hängt diese Rarität als ein unvergessliches Zeugnis der Lebensgeschichte von Konrad Litfin hinter dem Tresen in der „Henne".

Besonders aufmerksame Stammgäste sagen, dass man nach einem ganzen Milchmasthähnchen, der Spezialität des Hauses, und drei oder vier Edelbränden aus Franken die Augen schließen soll. Dann hört man die Stimme von Litfin, der dem Präsidenten auf seinen Satz:

„Ich bin ein Berliner!" antwortet „Ick ooch! Prost!"

DEPARTMENT OF STATE
WASHINGTON

May 1, 1963

Dear Mr. Litfin:

Your very kind invitation to the President,
suggesting that he might visit your place of
business when he is in West Berlin this summer,
has been forwarded to me for reply. His office
has asked me to tell you that unfortunately the
urgency of his schedule makes this impossible.
I am happy, however, to forward to you a photograph of the President which perhaps will mean
more to you because of his Berlin visit.

Sincerely yours,

W. Grant Parr
Public Affairs Adviser
for German Affairs

Enclosure:

Photograph.

Mr. Konrad Litfin,
Berlin SO 36,
Leuschnerdamm
(ECke Walde

Wolfgang Neuss (1923 – 1989), deutscher Kabarettist und Schauspieler

Vergiß nicht!

Morgen Abend bei Rosel und Konrad!

Foto: Croner

Auf baldiges Wiedersehen Ihr Walter Gross

Walter Gross

43

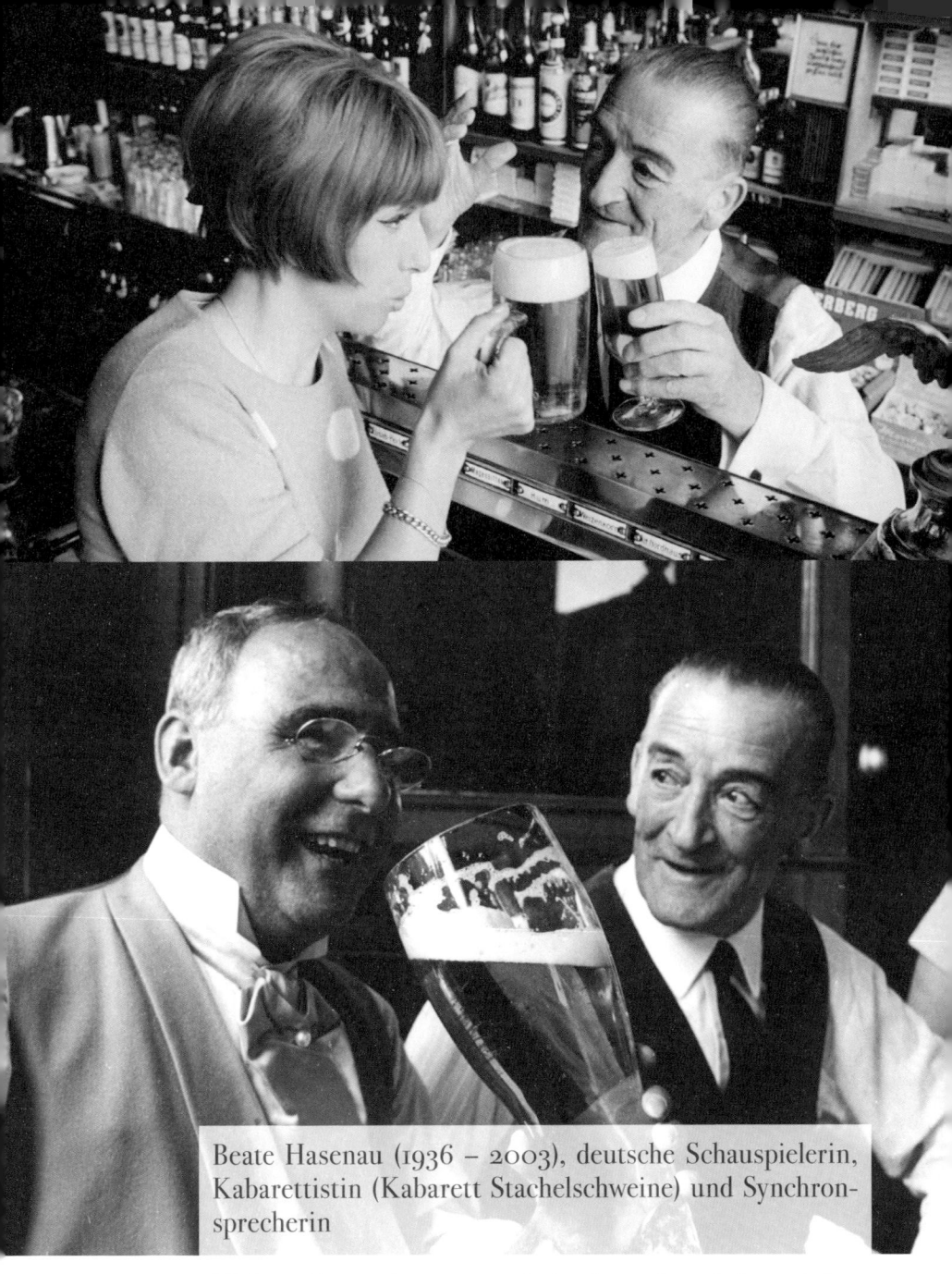

Beate Hasenau (1936 – 2003), deutsche Schauspielerin, Kabarettistin (Kabarett Stachelschweine) und Synchronsprecherin

Walter Gross (1904 – 1989), deutscher Schauspieler, Kabarettist (Die Insulaner) und Synchronsprecher

Helen Vita

Foto: CCC-Gloria-Film/A. Grimm   Rüdel-Verlag

Helen Vita (1928 – 2001), deutsche Schauspielerin, Kabarettistin (Kabarett Wühlmäuse) und Chansonsängerin

46

Großes Kino in der Henne

Harald Juhnke

Die „Henne" hat in der Filmgeschichte einen festen Platz und war schon begehrter Drehort für Serien, Dokumentar- und Spielfilme.

Die Räume mit dem originalgetreuen Mobiliar und dem urberlinischen Ambiente bilden die ideale Kulisse für historische Filme. Alles ist noch so wie 1908, als die „Henne" von Paul Litfin als „Wirtshaus zur Hirschecke" eröffnet wurde.

„Kommissar Derrick" ermittelte hier, der WDR sendete seine Talkshow „Deutschland – Heute Abend" aus dem Schankraum. Rainer Werner Fassbinder (1945 – 1982, deutscher Regisseur, Schauspieler) nutzte das begehrte Motiv für Szenen aus „Berlin Alexanderplatz", eine Fernsehverfilmung des Romans „Berlin Alexanderplatz" von Alfred Döblin.

„Der Hauptmann von Köpenick"

Die Kneipen-Szenen wurden 1997 in der „Henne" gedreht

Kameramann: Eberhard Geick

Regisseur: Frank Beyer

Frank Beyer (1932 – 2006) verfilmte das Bühnenstück „Der Hauptmann von Köpenick" von Carl Zuckmayer 1997 noch einmal neu fürs Fernsehen. Die Besetzung war exzellent, es spielten Harald Juhnke, Udo Samel, Elisabeth Trissenaar, Katharina Thalbach, Rolf Hoppe, Hark Bohm u.v.a.

Harald Juhnke (1929 – 2005, deutscher Schauspieler, Sänger, Entertainer), eines der letzten großen Berliner Originale, fand sehr viel Anerkennung für seine Darstellung des Wilhelm Voigt. Der „Hauptmann von Köpenick" gilt als eine seiner besten Rollen.

Drei Jahre später, im Jahr 2000,

wurden einige Szenen für den Spielfilm „Sass – Die Meisterdiebe" bei uns gedreht

Der Regisseur Carlo Rola erzählt das schillernde Leben der Brüder Sass. Das Brüderpaar ist mit den Stars Ben Becker und Jürgen Vogel treffend besetzt.

Darsteller: Ben Becker, Jürgen Vogel, Henry Hübchen, Miguel Herz-Kestranek, Frank Sieckel, Karin Baal, Otto Sander, u.v.a.

Es war die Verfilmung der Tresorknacker-Legende um die Gebrüder Sass. Franz und Erich Sass, mittellose Brüder einer Arbeiterfamilie, sorgen zwischen 1926 und 1933 mit spektakulären Einbrüchen für Aufsehen. Der Einbruch in den als unüberwindbar geltenden Tresor der Disconto-Gesellschaft macht sie unsterblich. Sie sind die Robin-Hood-Gestalten im Berlin der späten 1920er Jahre und werden zu Volkshelden und angesehenen Mitgliedern der besseren Gesellschaft.

Alt-Berliner Wirtshaus

Nach dem Tod von Konrad Litfin übernimmt seine Ehefrau Rosa 1968 das „Alt-Berliner Wirtshaus". Seit 1938 haben sie das Lokal gemeinsam durch alle Höhen und Tiefen geführt; jetzt steht „Rosel" allein an der Theke und muss sich auch gleich auf ein neues Publikum einstellen. Denn Kreuzberg entwickelt sich langsam zu einem Politbezirk.

Studenten entdecken die gemütlich-familiäre Eckkneipe mit dem Künstlerappeal. Die neue Generation nistet sich ein und plant die kommende Revolution bei Bier und Wein.

Wirtin „Rosel" schmeißt auch für die neue Klientel den Laden mit Herzblut und Berliner Schnauze. Sie führt das Regiment. Für jeden findet die „kleine Blonde" den richtigen Ton, schlichtet Streit, berät bei Eheproblemen, entschärft die Kampfparolen, tröstet Einsame und schenkt nach.

Im Wirtshaus diskutieren alle Altersklassen und Schichten. Generationsprobleme existieren bei „Rosel" nicht. Auch die 68er werden in die Wohlfühlkneipe integriert.

Das Lokal übersteht nicht nur die gesellschaftlichen Veränderungen und Modetrends unbeschadet – im Gegenteil, es passt sich an, ohne von seinen Ursprüngen abzuweichen.

Eines allerdings ändert die gewitzte Geschäftsfrau. Es gibt im „Alt-Berliner Wirtshaus" keine warme Mahlzeit zu essen – obwohl die Gäste immer öfter danach fragen.

Das lässt „Rosel" keine Ruhe und sie brütet und probiert solange, bis sie das – bis heute unveränderte - Geheimrezept für die delikaten Milchmasthähnchen entwickelt. Schließlich sollen es nicht irgendwelche Bouletten sein, sondern etwas ganz Besonderes.

Der Erfolg überwältigt „Rosel". Die Gäste stehen Schlange und „reißen" ihr quasi die Teller mit den Hähnchen aus der Hand. Der krosse Klassiker startet seinen Siegeszug.

Seither gibt es die berühmten Milchmasthähnchen in Berlin im „Alt-Berliner Wirtshaus", der heutigen „Henne", dem Wallfahrtsort für das Traditions-hähnchen.

Mehrere Generationen haben sich hier nach dem Essen genüsslich die Fin-ger abgeleckt. Alle nachfolgenden Gastwirte verneigen sich tief vor Rosa Litfins Geheimrezept.

Eines Tages betreten Bernd und Petra Henne das „Alt-Berliner Wirtshaus" und läuten mit ihrem Besuch den Anfang vom Ende der Ära Litfin ein.

Rosa Litfin (1916 - 1988), Gastwirtin von 1968 - 1980

Kross und frisch
für Rosa Litfin

Sie kommen früh, sie kommen spät.
Verlangen gleich die Spezialität.

Dann fließt der Wein und frisch gezapftes Bier.
Alles wartet hungrig auf das warme Tier.

Die Gäste lieben diesen hausgemachten Braten.
Das Geheimrezept wird nicht verraten.

Die Köpfe senken sich zum Teller nieder.
Es riecht so saftig-gut und null Gefieder.

Das krosse Huhn ist frisch, hellbraun die Haut.
Sein Fleisch zart-weiß, dazu gibt es Salat und Kraut.

Und alle Tische knabbern mit.
Das Milchmasthuhn ist hier der Hit.

So war es gestern. Ist es heute.
Auf, auf zur Henne. Liebe Leute.

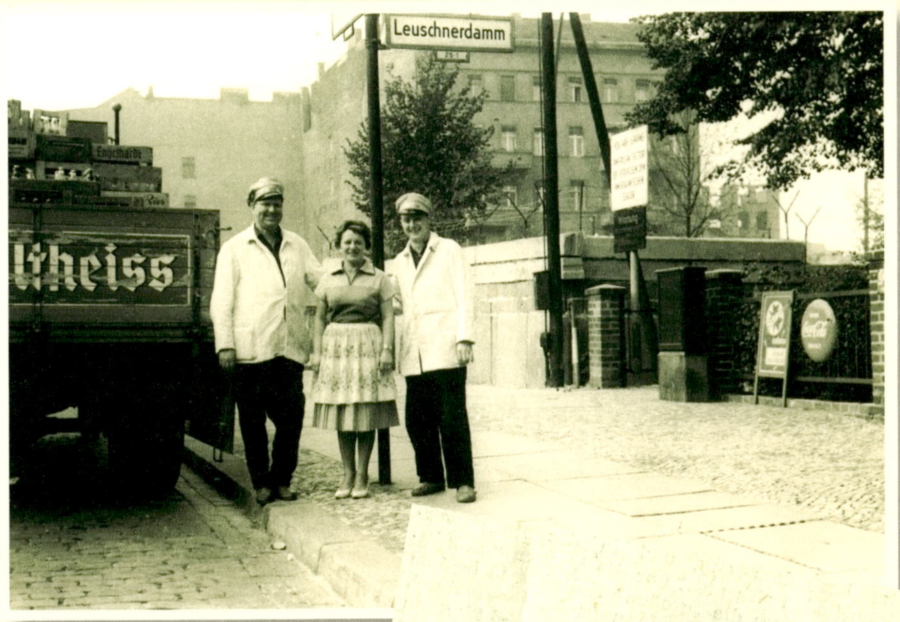
Leuschnerdamm

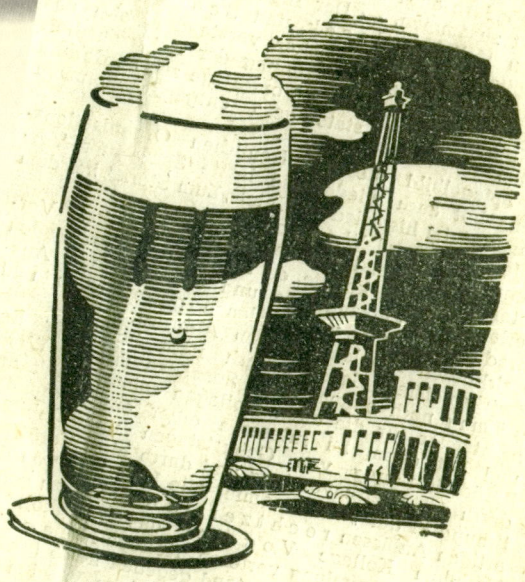

Rosel, umrahmt von Bierkutschern, um 1968

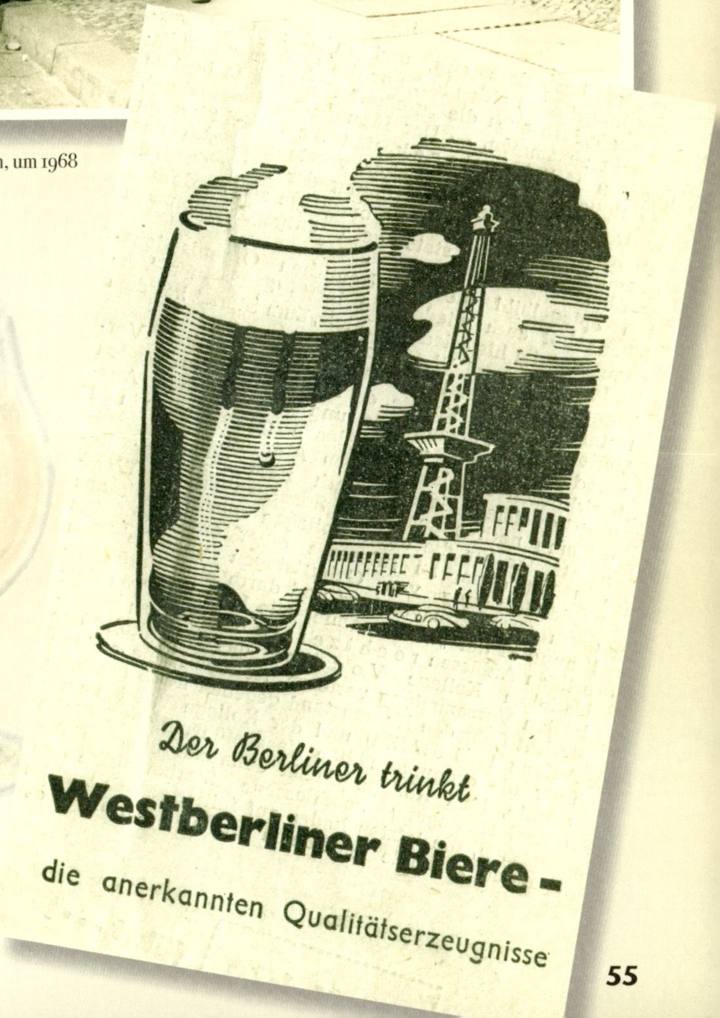
Der Berliner trinkt
Westberliner Biere -
die anerkannten Qualitätserzeugnisse

Rosel in Not

An das

Bezirksamt **Kreuzberg von Berlin**
Abteilung Finanzen
z. Hd. Herrn Stadtrat **H ä n e l t**

1 Berlin 61

Yorckstr. 4 - 11

1. Senator für Bau und Wohnungswesen Abt...
2. Bezirksamt Kreuzberg, Sanierungs-
                          verwaltungsstelle
   ZIMMER 710

Berlin, 12. 11. 1970

Sehr geehrte Herren!

Den Unterzeichneten ist bekannt geworden, daß im Rahmen der Stadt-
sanierung das "Alt - Berliner Wirtshaus" (Litfin) an der Waldemar-
Brücke (Inhaber Rosel Litfin, 1 Berlin-36, Leuschnerdamm 25) abge-
rissen werden soll.

Es wird Ihnen bekannt sein, daß die alte, stilechte "Kneipe" zu den
besonderen Wahrzeichen Berlins gehört. Wir finden sie leider nur noch
in wenigen Exemplaren in Berlin. Zu ihnen gehört zweifellos auch das
Lokal "Litfin"; es ist eine "Kneipe", die nicht nur über den Bezirk
Kreuzberg hinaus sehr bekannt ist, sondern sich in Bewirtschaftung
und Ausstattung wohltuend abhebt von den modernistischen Versuchen,
die alte "Kneipe" zu kopieren und zur touristischen Attraktion zu
machen. (Siehe "Sperlingsgasse").

Wir glauben, daß die Berliner einen gerechten Anspruch auf die tra-
ditionsreiche, mit ihnen gewachsene und zu ihnen gehörende "Kneipe"
haben, in deren Atmosphäre sie sich wohlfühlen.

Wir fordern Sie deshalb auf, dieses Wirtshaus im Rahmen der Stadt-
bildpflege zu erhalten und zu schützen. Der Abriß dieser Gaststätte,
die sicherlich zu den schönsten Berlins zählt, wäre ein nicht wieder
gutzumachender Verlust für die Bürger des Bezirks Kreuzberg und da-
rüberhinaus für alle Liebhaber des "alten Berlin".

Die Unterzeichneten, Gäste des Wirtshauses Litfin, fordern die Er-
haltung des Hauses Leuschnerdamm 25, bzw. des "Alt-Berliner Wirtshauses".

Dit' is mein Mölljö

Dieter Beilig   v. Kommandent der Freiheits +
          Widerstandsbewegung Peter Fechter

der Sprecher der Stadt Ernst Reuter

LASST BERLIN EIN STÜCK BERLIN"
ICH WAR AUCH HIER . MICHAEL K......

SCHEISS AUF SANIERUNG,
LASST „LITFIN" LEBEN !
WALTER METZLER . ARCHITEKT
1 BERLIN 19, SPANOWER DAMM 1

Nach dem Berliner Flächennutzungsplan (FNP) wurde 1956 mit dem Bau eines Stadtautobahnringes begonnen, um das Straßennetz in West-Berlin „verkehrsgerecht" zu erschließen. Als mehrere Bauabschnitte fertig gestellt wurden, sollte Anfang der 70er Jahre quer durch den Bezirk Kreuzberg die „Osttangente" gebaut werden. Diese Autobahn wäre von Neukölln kommend mitten durch einige Wohnblöcke auf den Oranienplatz zugelaufen. Die Pläne für den Bau der „Osttangente" riefen heftigen Widerstand unter den Anwohnern hervor, sie bedrohten auch das Haus am Leuschnerdamm 25, in dem sich das „Alt-Berliner Wirtshaus" bis heute befindet. Die Gäste protestierten gegen den drohenden Abriss und für den Erhalt der Gaststätte mit einem Schreiben an das zuständige Bezirksamt und einer Unterschriftensammlung. Der Plan der „Osttangente" wurde 1980 aufgegeben.

Was für die Einen ist das Geld
ist für mich „Litfin" (Alt Berlin) auf der Welt
B. Bandendistel

Was für Arnsberg
ist für Berlin
Maria Helm...
Neheim-Hüsten

61

15 Pf. 40 Pf. 1 M.

NATIONAL

Antiraucherkampagne -
Wer mit 14 noch roocht, is doof!

Unter diesem Motto zog im Oktober 1980 eine bunte
Tierkarawane im Rahmen der Gesundheitswoche Kreuzberg drei Tage durch den Bezirk. So wollte man vor
allem Kinder und Jugendliche aufklären und sie auf
die Gefahren des Rauchens aufmerksam machen. Ein
Dromedar war die Symbolfigur der Kampagne und trug das
Plakat mit der Aufschrift **„Wer mit 14 noch roocht,
is doof!"**. Aber auch ein Dromedar muss mal Pause
machen. Es warf nach einem anstrengenden Fußmarsch
einen prüfenden Blick in die beliebte „Henne". Nach
einer kleinen Erfrischung zog es mit der Tierkarawane
weiter durch Kreuzberg.

Über den Erfolg der damaligen Antiraucherkampagne ist
nichts bekannt.

Bernd Henne
Petra Henne   Gastwirte von April 1980 bis Oktober 1991

Anfang der 70er Jahre kehrte Petra, eine gebürtige Berlinerin, mit ihrem schwäbischen Ehemann zum Studium nach Berlin zurück.

Er war begeistert vom Trubel der Großstadt und dem doch sehr anderen Leben im Berlin der Mauerzeit. Ihm fehlte jedoch ein gemütliches Wirtshaus, wie er es aus seiner Stuttgarter Zeit kannte, eine Stammkneipe, in der man die Gäste kennt – ein verlängertes Wohnzimmer -, sagen die Berliner.

Der Tipp eines Arbeitskollegen führte die beiden nach Kreuzberg in ein altes Wirtshaus, direkt an der Mauer gelegen. Die historische Einrichtung, die Atmosphäre und Stimmung waren so begeisternd, dass Bernd sich sofort wohlfühlte.
Die Begegnung mit Rosel, der kessen Wirtin, die ihn und seinen, für sie lustigen, Dialekt mochte, sollte sich als schicksalshaft erweisen.

Eine Woche nach der ersten Begegnung stand Bernd bereits als Zapfer hinter dem Tresen. Nun arbeitete er mehrere Tage in der Woche im Alt-Berliner Wirtshaus. Langsam wurde das Lokal über Kreuzbergs Grenzen hinaus auch unter den Studenten bekannt.

Die knusprigen Milchmasthähnchen, die historische Einrichtung und nicht zuletzt die Lage direkt an der Mauer zogen sie an.

Man ging ins „LITFIN".

Um den steigenden Andrang zu bewältigen, half nun auch Petra am Wochenende. Es machte ihr Spaß die Gäste zu bedienen und Bernd legte gesteigerten Wert auf ein schön gezapftes Bier. Rosel gefiel die Zusammenarbeit zwischen Petra und Bernd, die sich perfekt auf einander eingespielt hatten. Als sie langsam an ihren Ruhestand dachte, freute sie sich, ein Nachfolgerpaar gefunden zu haben, das schon einige Jahre bei ihr gearbeitet hatte und das die alte Tradition weiterführen wollte. Das Geheimrezept der Hähnchen sowie die Führung des Lokales wurden genauso übernommen. Es gab fast nur große Tische, an denen mehrere Parteien zusammensitzen mussten und dadurch schnell ins Gespräch kamen. Das war mit der Grund, weshalb immer eine entspannte und gesellige Stimmung herrschte.

Nur aus dem „Litfin" wurde die „Henne" – nomen est omen.
Schließlich braucht jedes Hähnchen auch seine Henne.

Die Inbetriebnahme eines weiteren Gastraumes, einige Stufen höher, bot noch mehr Publikum Platz, für diese wunderbare und heitere Mischung der Gäste aus allen Schichten der Bevölkerung. Die schwäbisch-berliner Mischung der beiden wurde von den Gästen immer mehr geschätzt und von einem anfänglichen Geheimtipp wandelte sich das Wirtshaus zu einer bekannten Kreuzberger Institution.

Um mehr Zeit für die Stammgäste und Freunde zu haben, wurde einmal im Monat ein Frühschoppen eingeführt, wo man in kleinerem Rahmen zusammensaß. Es gab besonders ausgesuchte Biere und Speisen von schwäbischen Maultaschen über Holsteiner Katenschinken bis zur Münchner Weißwurst.

Die 80er Jahre waren die Zeit des „Häuserkampfes" in Kreuzberg. Mehrere hundert leerstehende Häuser wurden von jungen Leuten besetzt.
Auch die Henne, wenn auch nicht unmittelbar, war davon betroffen.
Vor ihrer Tür gab es viel Randale, die manchmal zu spontanen Schließungen des Lokals führte.

Es war eine schwere Zeit, mit Ängsten, wie sich der Kreuzberger Kiez in Zukunft entwickeln würde. Doch wurden diese stürmischen Zeiten glücklicherweise gut überstanden.

Bernd Henne

Aus der Arbeiterstammkneipe „Wirtshaus zur Hirschecke", gegründet am Anfang des 20. Jahrhunderts von Paul Litfin, wird 1980 die „Henne", in der sich Kunst, Politik, Berlin, Szene und Arm und Reich in einer einmalig urberlinischen Kneipentradition vereinen. Damit endet nach 72 Jahren die Bewirtschaftung durch die Familie Litfin. Nun führt eine neue Generation die Gaststätte unter einem anderen Namen weiter - alles andere bleibt, wie es war.

Bernd und Petra Henne, um 1989

Kinder blicken durch die Mauer am Leuschnerdamm, 14. Februar 1974

Mauer am Leuschnerdamm, im Hintergrund: St. Michael-Kirche in Ost-Berlin. 1981

Die Mauer wurde nach ihrer Errichtung am 13. August 1961 in den folgenden Jahren immer mehr perfektioniert, um die Flucht in den Westen zu verhindern. Es entstand ein fast unüberwindbares Grenzsicherungssystem mit einer Gesamtlänge von 156,4 km. Davon gingen 43,7 km durch Berlin.

Auf dem Foto ist der Mauertyp der vierten Generation zu sehen. Sie bestand aus 3,60 m hohen und 15 cm dicken Betonelementen. Oben schließt sie mit einer Rundung ab, damit man bei einem Fluchtversuch dort keinen Halt finden konnte.

82

Mauer an der Waldemarstraße,
oben links: St. Michael-Kirche (Bezirk Mitte),
hinten rechts die „Henne", 1984

Die Berliner Mauer (1961 – 1989)
Irgendwann fällt jede Mauer!

„Henne"

Angela Leistner (geb. 1964), Gastwirtin seit 1991

Ich treffe Angela Leistner, die aus Neustadt bei Coburg stammt, in ihrer „Henne". Mir gegenüber sitzt eine charmante, blonde Frau mit blitzwachen Augen.

Frau Leistner, Sie sind nach der Dynastie Litfin und dem Ehepaar Henne seit 17 Jahren Gastwirtin. Kommen Sie aus der Gastronomie?

Nein, ich bin eigentlich Fotografin. Aber schon während meiner Schulzeit habe ich als Kellnerin gearbeitet, um mir mein damaliges Hobby, die Fotografie, finanzieren zu können. Später, als ich das Hobby dann zum Beruf machen wollte, musste ich mir meine Ausbildung mitfinanzieren und arbeitete noch als Köchin – was mir auch sehr viel Spaß gemacht hat.

Seit wann leben Sie in Berlin?

Ich kam 1986 in die Stadt, da war ich Anfang 20. In Berlin wollte ich meine Meisterprüfung zur Fotografin machen und landete unter anderem als Kellnerin in der „Henne". Als ich dann tagsüber auch noch mit dem Taxifahren begonnen habe – reichte die Zeit nicht mehr aus, um die Abschlussprüfung zu machen.

Dafür haben Sie dann 1991 die „Henne" übernommen.

Ja, vieles im Leben ist eine Frage von Glück und Timing. Als mir Bernd und Petra Henne die Übernahme anboten, habe ich sofort „ja" gesagt. Mir war gleich klar, dass ich das unbedingt machen wollte. Heute bin ich sehr stolz, dieses Lokal mit seiner hundertjährigen Tradition führen zu dürfen.

Man atmet in dem Lokal die Stimmung von etwas längst Vergangenem.

Ja, die gesamte Einrichtung wurde so wie bei der Eröffnung 1908 belassen. Und genau das wissen unsere Gäste zu schätzen, sie lieben diese natürlich gewachsene und unverwechselbare Atmosphäre.

Wie viele Gäste finden hier am Leuschnerdamm Platz?

Wir haben um die hundert Sitzplätze im Lokal und achtzig im Biergarten, der im Sommer natürlich viel genutzt wird.

Treffen sich zwei Passanten. Er: Woran denken Sie, wenn ich sage: „Hähnchen?" Sie: „Henne!" Für Kenner sind Sie die erste Adresse zum Hähnchenessen.

Das stimmt. Wir sind die Zufluchtsstätte für Freunde des echten Milchmasthähnchens. Die „Henne" und ihre Hähnchen sind Kult.

Angela Leistner

Was ist das Geheimnis der „Henne"?

Ich glaube, hier fühlen sich alle wohl, weil keiner dem anderen etwas vormacht. Man ist, wie man ist. Unverkrampft und unverfälscht.

Auf die letzten und die nächsten hundert Jahre! Prost!

Interview: Klaus Sommerfeld

Der Kreis schließt sich

Am 31. August 1994 wurden die letzten russischen Soldaten in Berlin in Anwesenheit von Russlands Präsidenten Boris Jelzin und Bundeskanzler Dr. Helmut Kohl verabschiedet. Am 8. September 1994 folgte die feierliche Verabschiedung der Westalliierten in Berlin. Der Bundeskanzler beendete im Beisein seiner Gäste François Mitterrand (Französischer Staatspräsident), John Major (Britischer Premierminister) und Warren Christopher (Außenminister der USA) offiziell die seit 1945 während Präsenz der Alliierten in Berlin mit einem Großen Zapfenstreich.

Im gleichen Jahr bewahrheitete sich auch die Vision von Konrad Litfin. Der Biergarten wurde im typischen Kreuzberger Charakter wiederhergestellt. Wo einst Stacheldraht und der karge Beton der Berliner Mauer die Sicht versperrten, trifft man heute unter Kastanien wieder die Freunde der alten Berliner Wirtshaustradition.

Henne
ALT-BERLINER WIRTSHAUS

Leuschnerdamm 25
10999 Berlin-Kreuzberg

Di. - Sa. ab 19 Uhr geöffnet
So. ab 17 Uhr geöffnet
Montag geschlossen

Telefonische Tischreservierung ab 18 Uhr
Telefon 030 / 614 77 30

www.henne-berlin.de

Reservierung erbeten

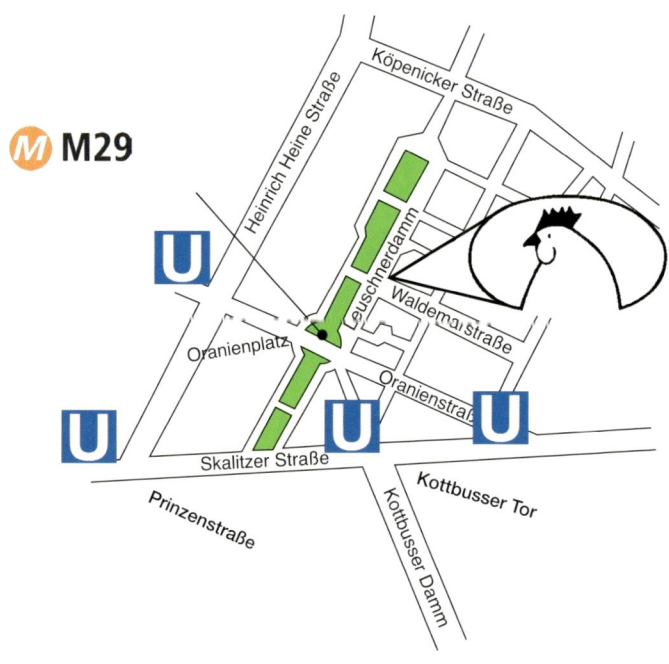

Impressum

Herausgeberin: Angela Leistner
Henne - Die Geschichte einer Kult-Kneipe, Berlin 2008
ISBN 978-3-00-025802-2
(c) 2008 Angela Leistner, Wolfgang Chodan, für die Texte Klaus Sommerfeld
Für die Abbildungen siehe Bildnachweise
Alle Rechte vorbehalten

Der Autor: Klaus Sommerfeld, geboren am 4. Februar 1953 in Berlin,
arbeitet seit 1985 freiberuflich als Künstler, Autor,
Regisseur und Schauspieler. (www.kskunst.de)

Lektorat: Martina Reichhardt, Berlin
Grafik: Ralf Butschkow, Berlin

Bildnachweise:
AlliiertenMuseum/A.Eve 18
Fabian Bachrach 39
CCC-Gloria Film/A.Grimm 46
Günther Chodan Umschlagseite, 38
Wolfgang Chodan Umschlagseite, 4/5, 6, 7 unten, 8 oben, 10-12, 15, 58/59, 60/61,62/63,
64/65, 66-67,68/69, 70-71, 72/73, 93-95, 96/97, 98/99, 100/101, 102-103
Croner 43
Wolfgang Dera 44-45, 53
Joachim G. Jung 42
Keystone 41
Landesarchiv Berlin 7 oben, 13, 19 oben, 22/23, 26/27, 34/35, 78/79, 80-83, 84/85
Landesarchiv Berlin, Klaus Lehnartz, 16/17
Angela Leistner Umschlagseite, 47-49, 77, 86/87,88/89, 90/91
Lars Rudolph 50-51
Horst Sakowitz 30/31
Klaus Sommerfeld 74
United Press International 28/29

Hinweis: Für einige der abgedruckten Fotos konnten die Rechteinhaber nicht ermittelt werden.
Bitte wenden Sie sich an Angela Leistner.

Printed by LASERLINE · www.laser-line.de

Quellenverzeichnis:

1. „Wo Russen durch die Kehlen rannen", Der Abend: Nr. 17, 20. Januar 1962
2. Der Abend, Lokalteil, 23. Oktober 1980
3. Bauer, Hans: Das Wirtshaus an der Mauer, Brief an Konrad Litfin, 1963
4. Benz, Wolfgang: Deutsche Geschichte seit 1945, dtv. München, 1999
5. Berliner Morgenpost, Lokalteil, 1967
6. Kennedy schickte sein Autogramm, Bild, 16.Mai.1963, Seite 4
7. Borgelt, Hans: Die Ufa ein Traum, edition q, Berlin, 1993
8. Dannenbaum, Uwe: Mit Dromedar und Zetteln gegen den blauen Dunst, Berliner Morgenpost, 23.10.1980
9. H.A.S.: Bürgersteige und Notausgänge als Schutz vor VOPO, Welt am Sonntag, 20.Mai 1956
10. Henne, Bernd, Brief vom August 2008, Seite 76
11. Hertle, Hans-Hermann: Die Berliner Mauer, Bundeszentrale für politische Bildung, Bonn 2007
12. Höllger, Christiane: Unter den Dächern von Berlin, Nr. 18 und 19, BZ, 1966
13. Allgemeine Hotel- und Gaststätten-Zeitung, 11. Juli 1953, Seite 9
14. Lawitzky, Gerd: Tradition ist Trumpf, tip Journal, 19. Februar 1986
15. Leistner, Angela, Archiv der „Henne", Interview
16. Litfin, Konrad, Schriftverkehr
17. Müller, Dirk: Milieu oder Museum, ÖTVdialog, März 1978
18. Pänke, Hedda: Ein Stammlokal aus alten Zeiten, Die Welt, 15. Februar 1974
19. Ribbe, Dr. Wolfgang; Schmädecke, Dr. Jürgen: Kleine Berlin-Geschichte, Landeszentrale für politische Bildungsarbeit Berlin in Verbindung mit der Historischen Kommission zu Berlin, Berlin, 1989
20. Scholz, Arno: Stacheldraht um Berlin, Arani Verlag, Berlin, 1961
21. Strohschön, Chris: „Der Knüller ist die Flaschenorgel!", Bild, 4. August 1966, Seite 4
22. Unser Kreuzberg (Nr.1): Ein Wirtshaus von altem Schrot und Korn, Januar 1971
23. Vorwärts Nr.205, (3. September 1891), Beilage
24. Vorwärts Nr.212, (11. September 1891), Beilage

Alt-Berliner Wirtshaus
Henne